HÅLLPLATSER

Av Kicki och Gunnar Lidén:

Ett dussin russin 2007
Sånger från balkongen 2014
Grekiska Livstycken 2016
Ostmästaren i Poligny 2019

Av Gunnar Lidén

Under tamarisken 2016
Grekisk sallad 2017
Halvt kilo rött 2017
Omvägar hemåt 2017
Körsbärsträdet snöar 2018
Rörlighetens gränser 2019
Återseende 2020
Morgondagar 2021
Jaga katt med Sally och Kajsa 2021
Spår 2022
Mesimeri 2022
Under färgens yta 2023
Uppströms 2023

© 2023 Gunnar Lidén, text och teckningar
Förlag: BoD – Books on Demand, Stockholm, Sverige
Tryck: BoD – Books on Demand, Norderstedt, Tyskland
ISBN: 978-91-8057-466-2

Omslag, grafisk form och layout: Gunnar Lidén

Kulturstugan
Olsätersgatan 116
65468 Karlstad

gunnar@kulturstugan.se
www.gunnarliden.se

HÅLLPLATSER

Dikter och teckningar

Karlstad 2023

GUNNAR LIDÉN

KULTURSTUGAN

Innehåll

Förord	11
Gerlesborg	12
Genomgång	14
Magasin	17
Vintersamtal	18
Avtagsväg	21
Förvaring	23
Kristinehamn	25
Borgarna	26
Järnväg	29
Hamn	30
Landet	33
Slagg	34
Kreta	37
Tertsa	38
Utsikten	41
Ruin	42
Kato Symi	45
Raki	46
Kyrktorg	49
Topolia	50
Tunnel	53
Kurvtagning	54
Rosa badare	57
Glykeria	59
Växthus	60
Torget	63
Volym	64
Klostret	67
Genomfart	68
Fårskallar	70
Rosa Stranden	73
Gester	74
Gatukorsning	77
Aten	78
Munskydd	81

Handbojor	82
Bygge	85
Demokrati	86
Fotparad	89
Bröd	90
Vakten	93
Musik	94
Kyparen	97
Prästutflykt	98
Konsten	101
Rederiet	102
Huvudsaken	104
Giros	107
Pireus	108
Sjöfart	111
Akropolis	112
Vilse	115
Friblommor	116
Sönderfall	119
Landmärken	121
Fläkten	122
Åstorps Gård	125
Öland	126
Vindar	129
Fyren	130
Neptuni Åkrar	132
Eksjö	134
Bron	136
Kanalen	139
Rottneros	140
Monet	143
Solros	144
Baksidan	147
Glass	148
Kavaljerer	151
Österlen	152

Gården	155
Balar	156
Brösarps Backar	159
Skillinge	160
Kustvägen	162
Grövelsjön	164
Strömfåran	167
Storslaget	169
Närgånget	170
Fjällbäcken	173
Lågvatten	174
Bron	176
Bokfestival	178
Böcker	181
Skolkamrater	182
Igenkänning	185
Gästvänlighet	187
Utflykt	188
Fisketur	191
Hyrbåt	192
Leverans	195
Inkastaren	196
Sololja	198
Laga parasoll	200
Husbygge	203
Bakgården	204
Betongbilen	207
Skuggan	208
Strandaffären	211
Massage	213
Flygbussen	214
Flygplatsen	216
Rhodos Airport	218
Nya vindar	220
Målarkurs	223
Bottnafjorden	224

Älven	226
Regn	228
Ekor	230
Älven	233
Flygplatsen	234
Enkelriktat	237
Anseende	238
Väntetid	241
Terapi	242
Soluppgång	245
Platsa	246
Småfisk	249
Landa fisk	250
Hönsjakt	253
Båtupptag	254
Båtvagnen	257
Sockerbagaren	258
Bussmöte	261
Trottoaren	262
Hemkört	265
Messinia	266
Kungsfiskaren	269
Agn	270
Jolle	273
Kalderim	275
Hemgång	276
Efterord	278

Förord

HÅLLPLATSER innehåller minnesanteckningar från resor och möten med människor och händelser som lämnat värdefulla spår i livsberättelsen. Här har jag samlat snabba blyertsteckningar där gråskalan spelar huvudrollen. Jag har velat fånga ljuset och skuggan utan att fastna i detaljerna.

Vi behöver hållplatser i livet där vi kan stanna upp och dröja kvar för att själen ska hinna ikapp kroppen och tankarna. Vi lever i en splittrad tid när oron för världsläget och framtiden lägger sig som en mörk filt över våra liv. Nyhetsrapporteringar blir också hållplatser som sveper in oss i ångest för räntor, klimathot, krig och matpriser. Vi behöver hitta motvikter till oron. Det är bra att söka upp hållplatser där luften är frisk och naturen ger oss läkning.

Teckningarna är gjorda under 2022 och 2023. Hållplatserna är från Värmland, Bohuslän, Öland, Härjedalen och Skåne. Ritblocket har också följt med till Grekland, till Kreta och Aten. Sista resan gick till Mani på södra Peloponessos, där det stora havet möter de vilda bergen. Teckningarna och minnesanteckningarna därifrån är gjorda strax innan boken trycks.

Karlstad i oktober 2023

Gunnar Lidén

Gerlesborg

mars 2022

Genom de stora norrfönstret i ateljén
flödar kvällsljuset in från beteshagarna
medan vi riggar staffli och arbetsbord
för några dagar med färg och målarduk.

Vi prövar oss fram med spackelspadar
som vill ha utspädd färg för tunna lager
där spatlar i olika bredder lägger till
färg i nya riktningar, långsamt, långsamt.

Det tar en hel kväll att se ljuset sjunka
in genom fönstren mot Bottnas berg,
lika lång tid som det tar att se färgdragen
som skapar sitt eget landskap på duken.

13

Genomgång

Efter ett arbetspass i ateljén
flyttar vi in till stora samlingssalen
för en genomgång av våra verk
som inte riktigt hunnit torka.

Längs långväggen radar vi upp
det som blev våra egna tolkningar
av den gemensamma uppgiften
som vi alla förstått på olika sätt.

Tankarna far genom målarskallen
om vem som gjort vad och varför,
tills jag inte känner igen mig själv
och min målning blir någon annans.

Magasin

De stora magasinen i Gerlesborg
vittrar sönder i västanvinden,
fönsterluckorna hålls stängda
och buskarna kryper allt närmare.

Ingen bär längre in några varor
och inget gods fraktas ut till kaj
där inga väntande båtar lastar
när utskeppningen har upphört.

Två stora tomrum väntar stormen
som ska fylla innandömet med vind,
lyfta taket en vrålande vinternatt
när ingen ser att ankaret lossnat.

De vaktar varandra på stenfötter,
skyddar sönderfallet med minnen
där ingenting får rivas sönder
så länge grannberget står kvar.

Vintersamtal

Husen ligger tätt för att skydda sig
från den fuktiga västanvinden.
Berget som reser sig bakom trädgården
håller kvar värmen långt in på hösten
när nattkylan stänger ner växtligheten
och sommargästerna flyttar in till stan.

De som bor kvar när sommaren är slut
ser ett annat berg som kläs i nya färger
och fylls med höstens ljud och ljus,
havet blundar i det täta kvällsmörkret,
vi lyssnar till nattens kalla viskningar
och boningshusens varma vintersamtal.

Avtagsväg

Vägen slingrar sig fram till havet
som en snok söker sig till vatten
med luktsinnet som erfaren vägvisare
längs dikeskanter och stenrösen.

När den värmländska skogen glesnar
på sommarvägar ner till Bohuslän
är doften av hav den första hälsningen
från Nordsjön och de salta vindarna.

Bergen blir brutalare och naknare,
husen allt kritvitare och hopkrupna
människorna allt mer brunbrända,
avtagsvägen allt smalare till bryggan.

Förvaring

De gamla båtarna behövs inte längre
för inkomstens skull och för friheten
att gå ut i gryningen till nät och tinor
och lanca fisk som såldes från fartygen.

Ingen väntar bättre tider för fisket
och så länge humrarna finns kvar
har man en anledning att fortsätta
hålla båten i flytbart skick vid bryggan.

Det är för mycket jobb med träbåtar
som ska slipas och lackas och målas
de ska lyftas, pallas upp och täckas
innan havet slutligen hämtar hem vraket.

Kristinehamn

Mars 2022

Jag går längs gatorna i Kristinehamn
för att se vilka hus som finns kvar
från den gamla stolta storhetstiden
när staden var utskeppningshamn
för järn från Bergslagen till Göteborg
och världsmarknadspriset sattes här.

Många adresser behöver renoveras
liksom minnet av den gamla tiden
när drottning Kristina var nöjd
med stadens handel och transporter.

Bron över Varnan fick kungligt sigill
och samlade människor från skogarna.
Idag står många byggnader tomma
och stadens minnen behöver själavård.

Borgarna

De stora borgarna mitt i staden
skulle stärka moralen och tron
och vända blicken mot himlen
med fötterna stadigt på jorden.

Det var lätt att ta sig in genom porten
men svårt att hitta vägen ut igen
när luften blev tung att andas
och inget fönster gick att öppna.

Borgen som skulle skydda oss
blev ett fängelse för tvivlare,
sökare kom för en kopp kaffe,
och kanelbullen gav själen ro.

Järnväg

Äldreboende för gamla trötta lok
tar emot slitna trotjänare för vård
så att de ska slippa rulla ut i skogen
och rosta sönder vid en stoppbock.

På järnets tid kom små vagnar åkande
från skogarna uppe vid de högre sjöarna
med last av tackor från smältverken
där malmen packats för transporten.

Vagnen gick tom och lätt tillbaks
hem till skogen och det hårda arbetet
som inte tog slut förrän priserna sjönk
och handelskontoret stängde för gott.

Hamn

Rederiet vid artonhundratalets mitt
lastade järn från värmländska bruk
ombord på galeasen Mathilda,
som gick för segel ut från Kristinehamn
med transport söderut till Göteborg.

Axels Broströms fru gav namn till båten
som blev den första i raden av fartyg
som seglade ut på de stora haven
för Ostasiatiska Kompaniet i öster
och Svenska Amerikalinjen i väst.

Idag vilar galeasen Mathilda vid kaj
intill den gamla järnvågen i hamnen
och ser dagens moderna bulkfartyg lasta,
de som aldrig bli lika ihågkomna
som Axel Broströms hustru Mathilda.

Landet

Stjärnor lyser klarare
vid stugan på landet
en sommarkväll i augusti.

Vi lyssnar till sprakande stjärnfall
som störtdyker ner i granskogen
i en ljudlös krevad av gnistor.

En svärm av satelliter
korsar den svarta himlen
och blinkar till oss på jorden.

Jag är också en liten farkost
på väg genom evigheten,
Ikaros håller mig i handen.

Slagg

Smaragder skimrar i väggarna i byn,
längs vägen upp till kyrkans stenmur
gröna kronblad slår ut på södersidan
när solljuset träffar de svarta blocken.

Överblivet slagg gjöts till sinterstenar
som blev murar och valv kring forsen
som uthålligt drev hammare och ässja,
nytt järn smältes fram och formades.

Vad hände med mitt livs slaggprodukter?
Rätt mycket överblivet blev liggande
på skräphögen och glömdes sakta bort
tills en dag någon såg ett grönt skimmer.

Så mycket som inte blev som jag ville
och allt det där som inte helt stämde
med hur det var planerat på mitt ritbord
återfinnes som smaragder i skräphögen.

Kreta

maj 2022

Ingen vet säkert hur gamla olivträd kan bli
men somliga säger att de sett Jesus födas
och att korset sågats till ur en olivsläkting
som sedan blev känt för dess bittra frukt.

Med utsikt mot det Libyska havet
har hon överlevt torka och jordbävningar,
skogsbränder och blötkalla isvintrar
utan frukt och med överflödande skördar.

Det evigt hållbara är olivträdets rötter
som står fast grundade i historiens mylla
där källorna ständigt ger liv i det fördolda
och påminner oss om vår egen värdegrund.

Tertsa

När vi körde in i den lilla byn Tertsa
kände hovmästaren igen oss och hälsade,
vinkade in oss på familjens parkering,
var glad över att se oss efter fem år.

Tiden hade stått stilla på Lambros taverna
där maten smakade lika gott som alltid
men hovmästaren hade gått upp i vikt
och nästa generation serverade vid borden.

I grillskåpet snurrade rostade lammskallar
eftersom det var allmän helgdag första maj
och tavernan styrdes av mamma i köket
som såg till att maten blev en sång till livet.

Utsikten

Vi gör som backsvalorna i bergväggen;
letar ett läge där ingenting skymmer havet
och himlen är hög när vingarna ska prövas
där det finns luft och vindar att tämja.

Mellan himmel och hav finner vi klippan
där vägen slutar och ensligheten börjar
för den som vill se ut över ingenting
mer än dimman som lättar över vattnet.

Vi behöver inte så mycket mer om läget är rätt
och marken kan odlas om den får vatten.
Där kan vi sitta på balkongen och se livet
som för det mesta går alldeles för fort.

Ruin

Ägaren till det fallfärdiga huset
vill ha en halv miljon för råttboet
som har obotliga sprickor i murarna
och ruttna tak som rasat in.

Terrassen har bra utsikt över havet
men det finns ingen tomt att gräva i
och inga olivträd som kan skördas
när vintern kommer med svalka.

Allt måste rivas och byggas upp igen
om huset någon gång ska bebos
av någon utlänning med mycket pengar
och en husdröm som vill förverkligas.

Lägg ett lägre bud, säger grannen
som är en erfaren förhandlare
och som lärt sig att greker vill pruta
bara dom inte känner sig lurade.

Kato Symi

På väg upp till den lilla Omalos-platån
stannade vi vid tavernan med samma namn
för att se om ryktet om maten var sant
och om de stora pinjeskogarna fanns kvar.

Vattnet sjöng i rännor under våra fötter
när vi klev upp från parkeringen på torget
och vi förstod varför de urgamla platanerna
kunde växa sig stora som elefanter.

De små vinbladsdolmarna låg i stjärna
och geten var välkokt i den röda såsen,
vi bestämde oss att ta platån en annan dag
när vi sovit middag efter den goda måltiden.

Raki

Mannen i det lilla hörnhuset i Gdohia
bjöd på dryck med fetaost och oliver
och berättade stolt för oss om sin raki
som var den bästa på hela södra Kreta.

Han doppade pekfingret i sitt glas,
drog igång en flamma med cigarettändaren,
en blå låga slog upp från hans hand
medan han stolt berömde sitt hantverk.

Han var övertygad om att starkt smakade bra
men vi lutade mer åt att sprit förstör smaken
från den druva som en gång pressades
för att solen skulle stanna kvar i glaset.

Mannen krockade med sin bil ovanför byn
och bröt ryggen på flera omöjliga ställen
nu sitter han orörlig på ett sjukhus i Aten
och längtar tillbaks till sin raki med oliver.

Kyrktorg

Den lilla kyrkan i nedre Gdohia
fylls av blommor på Skärtorsdagen
när epitafiet smyckas inför processionen.

Traditionen säger att nattens vakthållning
ska skötas av en ung och pålitlig jungfru
men när ingen sådan går att finna,
somnar en liten svartklädd tant på en stol
bredvid den apelsindoftande katafalken.

På Långfredagen bärs båren med Jesus
runt till alla husen i omgivningen,
prästen ritar ett kors över dörrarna
till skydd mot ondskans alla makter.

Kort efter påsknattens vilda firande
återvänder kyrktorget till parkeringsplats
för gamla bilar som uppstått från de döda.

Topolia

Mitt på dagen står byarna öde
när solen står högst på himlen
och värmen trycker folk och fä
in i skuggan bakom luckorna.

Man gör vad man kan hitta på
för att få svalka och vilopaus
innan andra dagshalvan börjar
med kaffe och en liten raki.

Butiken skyddar apelsin och tomat
med ett flak wellpapp mot solen
som får bananerna att svartna
och vattenmelonerna att koka.

Vi som inte är vana vid värmen
fäller ner de nya solglasögonen
känner fartvinden svalka kinden,
brännsvedan plågar om kvällen.

Tunnel

Ut ur Topoliatunneln kom turistbussen,
körde mot rött ljus utan att skämmas
med fem små hyrbilar i släptåg
som såg sin chans att smita förbi.

Vi backade ut ur tunnelmynningen
och gestikulerade ivrigt till chauffören
som inte brydde sig om våra ramsor
fulla av alla okvädningsord vi kom på.

Skrika högt måste man göra ibland
bara för att visa att man kan
och för att livet skulle bli ganska trist
om ingen någonsin körde mot rött.

Kurvtagning

Bilkörning genom trånga byar
kräver förmågan att se runt hörn
och in i tavernornas storkök.

Barn och hundar springer glatt
från ingenstans rakt ut i gatan
som om bara åsnor fanns.

Tuta i kurvorna är nödvändigt
om man inte vill bli fångad
i kylaren på getbondens pickup.

Rosa badare

Uppspända linor och stora skyltar
talar om för oss som gästar stranden
att vi inte får promenera var som helst
och vi måste vara rädda om naturen.

Två brittiska damer i små bikinis
parkerade för säkerhets skull
innanför avstängningen, bland växterna,
som skulle skyddas från utländska fötter.

Allt som fanns innanför repen
är utrotningshotat och rödlistat
som de halvnakna brittiska damerna
högt upp på världsarvsförteckningen.

Glykeria

På den smala vägen ner mot Rosa Stranden
stannar vi till för en kopp grekiskt kaffe
och en pratstund med familjen Tzanakis
för att uppdatera oss om världens tillstånd.

Kaffet smakar starkt och sött som det ska,
men Elafonissi är på väg att stängas ner
vilket inte är första gången man försöker
men nu orkar inte stranden med längre.

Sällsynta växter trampas sönder
och de känsliga sanddynerna flyttar sig
när växternas rötter inte längre orkar
hålla kustlandskapet kvar på land.

Den vackra remsan mellan hav och berg
är snart ett minne blott i vår dagbok
när turisterna köper nya upplevelser
att berätta om på Insta och Facebook.

Växthus

Tomatplockare utan arbetstillstånd
rör sig som skuggor bland växthusen,
daglönare som lever för att jobba,
gömmer sig för polis och fackförening.

Vakthunden som håller besökare borta
har tydligare identitet än människor,
gör sitt jobb genom att visa tänderna,
rycker i kättingen för att komma loss.

Både hunden och slavarbetarna sliter
för att vi ska få äta tomater under vintern.
Medan snön faller tung över plasttaken
håller chefen ställningarna på tavernan.

Torget

Alla samhällen behöver ett torg
där stora händelser kan firas,
där varor kan säljas och köpas,
och där statyer kan resas och rivas.

Min barndoms torg hade egen staty
som bakade tårtor och läste dikter,
förvandlade vanliga dagar till unika.
Claras konditori hade långväga gäster.

Torget hade taxistation och kiosk
och Svanqvists bokhandel hade allt
som behövdes för den inre trafiken
med böcker, papper och porto.

En dag såldes torget till ett företag
som byggde det fulaste huset i byn,
dödade girigt samhällets hjärta,
en staty borde resas och rivas.

Volym

Det högljudda pratet är inte alls
så farligt som det kanske låter,
ibland måste man höja volymen
för att höra vad man själv tänker.

Några skolungdomar på väg hem
råkar väcka prästens middagssömn
och störa hans spännande drömmar
om paradiset på andra sidan.

Nu får han börja om i sina tankar
men han har glömt var han var
och därför anklagar han ungdomarna
som har hört hans predikan förut.

Klostret

Mitt i den världsligt hungriga kommersen
reser sig det ortodoxa klostret på klippan
där munkarna ber och arbetar stilla
från tidig morgon till långt in på kvällen.

Några turister kör ner för att besöka kyrkan
som man hoppas ska innehålla målningar
som berättar om helgonen och vördnaden
för resterna av det heliga som finns kvar.

Men världen har tappat bort gudomligheten
och munkarna vill också tjäna lite pengar
så att de kan fortsätta med sina böner och sin tro
på helgonens förmåga att kontakta Gud ibland.

Gamle prästen Nektarios bor inte längre kvar
bland sina gamla helgade klosterbröder
som försöker fylla hans skor med sitt arbete
och ge Xrisoskalitissa tillbaka sin gamla stolthet.

Genomfart

Den smala vägen genom byn Plokamiana
passerar kök och garage så nära
att vi kan se fotografierna i vardagsrummet
och känna doften från grytorna i köket.

På väggarna har någon målat små pilar
som ber turisterna i sina hyrbilar att svänga
innan de kör in i husen längs bygatan
och undvika att köra över katter och hundar.

Chaufförerna i de stora turistbussarna
har olika meddelanden i sina bilhorn,
där vänliga hälsningar till borgmästaren
blandas med varning för frontalkrock.

De bofasta invånarna i byn Plokamiana
undrar fortfarande varför turisterna kör
som om de sett en bil för första gången
och ber dem stanna för att köpa honung.

Fårskallar

En flock får utan herde korsade vägen
med en varningsklocka hängande om halsen
på en av de största baggarna i gruppen
som varken fruktade bilar eller döden.

Jag hörde flera skällor skramla bland träden
där fåren sökte sig in i de svala skuggorna
för att se om det fanns några strån att äta
som de hungriga getterna hade missat.

Musiken från bjällror och klapprande klövar
fick bilturisterna på väg till havet att stanna
och andas in doften från olivblomningen
som de annars skulle ha gått miste om.

Rosa Stranden

Varje dag växer nya svampar upp ur sanden,
med solbäddar för vinterbleka nordbor
som vägrar smörja sig med solskyddskräm
för att få så mycket solbränna som möjligt.

Efter tre dagar på stranden kokar fläsket,
den rosa stranden har drivor av snäckskal
och högar med solstekta britter och finnar
som sover oroligt med sveda om nätterna.

Rosa Stranden sjunker av turisttrycket,
repen spänds tätt för att skydda dynerna,
men snart stoppas två tusen hyrbilar,
den berömda stranden blir ett fint minne.

Gester

Kroppen säger mer än tusen snabba ord
när vi lyssnar med ögon fulla av tystnad
över en måltid med förtroliga samtal.

Händerna pratar med en tydlig dialekt
av vitlök och timjan med toner av olivolja
tills det kalla vita vinet berättar en historia.

Det behövs inte så många ord för en kväll
när man kan röra på armar och ben
och musiken gör det väldigt svårt att lyssna.

Gatukorsning

Under pandemin stängdes man inne
i trånga och varma bostäder
tills hundarna sa ifrån att vi måste ut
och kissa på träden längs gatan.

Det kryllade av ouppfostrade jyckar
som undrade var de hörde hemma,
och frågade sig när husse och matte
ville lära sig hur man lever med hund.

Gatukorsningar är populära i Grekland,
smarta, friska och tillgivna individer
för ingen vill ha en renrasig sort
som passar för renrasiga människor.

Aten

Maj 2022

Medan vi står och väntar vid bagagebandet
far tankarna hit och dit över jordklotet;
-är min väska på väg till Reykjavik eller Istanbul,
eller vet den att jag står och väntar just här?

Vi stirrar på det svarta hålet i väggen och hoppas,
lastarna har inte glömt bort oss som står här,
de har kanske behandlat väskorna som avfall
men även förpackat skräp ska fram till målet.

Så kommer våra väskor, alla på en gång,
vi spanar efter små färgglada kännetecken
som berättar om personliga tillhörigheter
ordentligt förpackade i grå lådor av plast.

När vi med lätta steg går mot utgången
står fortfarande en man och ser på bandet
som slutat röra sig och inga mer väskor kommer
för hans bagage är på väg till Amsterdam.

Munskydd

Alla bär munskydd i tunnelbanan,
glasögonen immar igen bakom masken
och ingen känner igen någon annan
förrän man börjar prata och ljudet avslöjar.

De högljudda rösterna rullar genom vagnen
och munskydden hindrar inte samtalen
som ökar i styrka när tåget ökar farten,
nya röster stiger på vid nästa hållplats.

Vi vill så gärna synas för omgivningen
och i reserv kan vi tänka oss att höras
och annars vill vi märkas på något sätt
som skiljer oss från den anonyma massan.

Handbojor

Vi trodde polisen flörtade med damerna
när vi kom nerför trapporna på trötta ben
men polisen hade ingen trevlighet till övers
för de två romska kvinnorna som surade.

Med handbojor var de bundna till varandra
i väntan på förstärkning från kriminalkontoret
som visste vilka det var och vad dom gjort
utan att förvånas över deras sätt att arbeta.

Vi har olika sätt att dra in pengar till hyran
och är man ändå utanför samhällets gränser
kan man också tänja lite grann på mitt och ditt
för det drabbar ju trots allt ingen fattig.

Bygge

En byggmästare som älskar betong
kan resa ett våningsplan i veckan
utan att behöva hämta nytt skalvirke
som skulle göra hela huset för dyrt.

Man återanvänder gamla snickare,
tankar upp gamla nerslitna lastbilar
vevar igång sin odödliga betonjära
och jobbar tills helgonen vill ha vilodag.

Matrast har man aldrig hört talas om
och paus får man när någon ramlar ner
men en handrullad liten cigarett går bra
bara man rör på sig och ser ut att arbeta.

Demokrati

Gatans parlament är öppet hela dagen,
där mer än två kommer samman i skuggan
under träden där en bänk står ledig
och inbjuder till samtal om vad som helst.

Inget går upp emot en stärkande diskussion
där alla skapar sin egen dagordning
utan papper och penna och anteckningar
som bara låser in de fria tankarna.

Demokratins vagga är det öppna samtalet
som kräver att någon säger emot mig
utan att någon tar illa upp och håller med
för det slutar alltid i nya sanningar om livet.

När tre herrar pratar samtidigt vet man
att ingen kommer att vinna diskussionen
men alla ska känna att man har rätt i sak
även om det är helt uppåt väggarna.

Fotparad

Vaktombytet framför parlamentet vid Syntagma
sker efter mycket bestämda svårbegripliga steg
som ska vara omöjliga att förstå och härma
så att infanteriet ska se skillnad på vän och fiende.

När solen får hjärnan att koka och tungan att torka
kommer vaktchefen i sin blå basker med trasan,
torkar varsamt några svettdroppar ur pannan
och rättar till den långa flygande tofsen på mössan.

Vakten känner inte längre sina fötter som domnat
och geväret på axeln väger minst hundra kilo
men han rör inte en min, fäster blicken på Olympen
i trohet mot fosterlandet och den stolta historien.

Den okände soldatens grav är viktigt att försvara
fastän ingen känner till namnet på dagens väktare
som gör sin plikt till ära för familjen och hembyn
medan nationen nog klarar sig på egen hand.

Bröd

De små skyddsfönstren av plastglas
släppte sina fästen i den nordliga vinden
och hela brödkiosken skakade i grunden
medan butiksägaren skyddade sina varor.

-Kom och köp bröd innan allt blåser bort!
skrek försäljaren ut över hela Syntagma torg
och människor strömmade till för att handla
med förhoppning om billig utförsäljning.

I stället för att smyga med en cigarett
tar man en tugga på en sockerkringla
som räcker en halvtimme om man vill
och pratar i mobilen medan man går.

Att bara gå utan att äta eller prata
ser inte klokt ut och får folk att misstänka
någon form av depression eller ensamhet
som bör behandlas med en mugg kallt kaffe.

Vakten

Framför parlamentet står allvarliga gossar
utklädda i korta kjolar och tjocka ullstrumpor
med tofsar på knän och skor och huvudbonad
som om de varken var män eller kvinnor.

Mustaschen är äkta och antyder manlighet
medan de röda skorna skulle pryda en dam
om det inte vore för den stålklädda sulan
som slår mot marmorn som stilettklackar.

Den lilla vita stugan med den blå baldakinen
ger lite skugga när solen vrider upp effekten
men aldrig får de sätta sig ner och vila benen
förrän vaktstyrkan och turisterna gått hem.

Musik

För åtta år sedan såg vi honom på trottoaren
med bouzoukin i knät och burken på gatan
när han envist tragglade några kända ackord
ur sånger som alla kände till och kunde utantill.

Nu har han blivit tonåring och inspirerat andra
att spela med i de traditionella melodierna
som ger en slant i burken på bouzoukihalsen
och skapar lite grekstämning för turisterna.

Han tror att rika folket från kryssningsbåten
helst vill höra musiken i filmen med Zorba
medan vi kan tänka oss att betala en euro
om han håller tyst medan vi äter vår lunch.

Kyparen

Det hör inte till vanligheterna i Aten
att servitören bär kortbyxor i jobbet
och när han glömt att raka sina ben
ser gästerna inte vad han ställer på bordet.

Det kanske går bra på tavernan vid havet
men alls inte mitt i stan med fina gäster
som genast frågar sig hur hygienen är i köket
när kyparen ser ut att komma från garaget.

Om jag skulle komma i shorts till tavernan
skulle kyparen skratta och kalla mig turist
som har glömt hur man klär sig i staden
och jag vill ju vara som en av ortsbefolkningen.

Prästutflykt

När ortodoxa präster ger sig ut bland folket
uppstår en viss förvirring i de lokala butikerna,
man vill ju veta om någon har dött i kvarteret
eller om det bara är turister i svarta prästkläder.

Därför är det bäst att gardera sig mot allt,
artigt kyssa prästens ringförsedda hand,
göra tre korstecken till närmaste kyrka,
inte gå fram och hälsa förrän chefen gjort så.

Då visar det sig att de svettiga prästerna
letar efter en ledig taxi som tar dem hem
till en bullrig middag med hela familjen
och en bra långfilm på teven med jordnötter.

Konsten

Den samtida konsten går snabbt ur tiden
medan morgondagens konstnärer jobbar
för att hinna med att tolka händelser i nuet
innan gårdagens minnen täcker dagen.

Gamla ölbryggeriet som gav folket att dricka
har nu byggts om till modernt konstmuseum
där kulturintresserade kan släcka törsten
med skapelser som får verkligheten att blekna.

Ett halvt rum är ett rostigt skrotupplag
där lampor blinkar och taggtråd skriker,
förfallet är uppkopplat med förbindelser
utan synliga människors levande närvaro.

Där står vi och upplever bilden av samtiden
som redan har passerat bäst-före-datum,
solen har för alltid gått ner och slocknat,
vår civilisation väntar på arkeologerna.

Rederiet

Det stora rederiet med den blå stjärnan
är ett säkert val för resan ut till storöarna,
och besättningen kan både stuva fordon
och bära väskor till de resandes hytter.

När färjan lämnat Pireus hamn byter man om
till vita skjortor för tjänstgöring i restaurangen
där maten är billig och tråkig men lättspydd
om det blir kraftig sjögång på Medelhavet.

Den patriotiske kretensaren väljer Anek Lines
till Chania eller Heraklion på den stora ön
där man har sin trädgård och sitt lilla hus
som släkten har använt i oräkneliga tider.

Bilen går tom till ön med bara det nödvändiga
som ett nytt kylskåp och ett par gasolflaskor
medan hemresan lastar avokados och apelsiner
för att dagarna i huvudstaden ska bli uthärdliga.

Huvudsaken

På en bra grekisk strand är det aldrig tyst
och alla äter hela tiden medhavd mat
som ligger ordentligt förpackad i kylen
som långsamt värms upp av solen.

En bra grekisk strand har mycket folk
som sitter nära varandra på filtar
och ingen vet vem som pratar med vem
för det spelar inte så stor roll med svaren.

På en bra grekisk strand går försäljaren
med färgglada tyger i trave på huvudet
och sarongerna är gjorda i äkta batik
där färgen aldrig går ur i många tvättar.

En bra grekisk strand är full av lek
där vuxna får vara barn för en dag
och barn får matas av präktiga mödrar
som drömmer om ordning och reda.

Giros

En pita giro kostar tre euro på snabbmatstället
och kan fås med kyckling eller fläskkött i papper
samt tomatskivor och friterad potatis med lök
så att man synbart håller en hel måltid i handen.

Det behövs inte så många kolhydrater i värmen
när termometern visar över trettio grader
och hjärnan småkokar i solens mikrovågor,
tanken saktar ner och drömmer om vatten.

Hello my friend, säger kocken vid köttrullen
och vet på förhand vad jag vill ha att äta,
fantasin och variationen är inte det viktiga,
bara bränsle för en timme till i värmen.

Pireus

Båtarna som går till öarna i Saroniska bukten
behöver inte ta ombord lika många lastbilar
som de större fartygen till Kreta och Naxos.

Bärplansfarkosterna till Poros och lilla Hydra
vrålar fram för att badgästerna ska hinna fika
ett par timmar i hamnarna innan hemfärd.

Gamla stolta skepp har ersatts av fula vidunder
som förkortar både resan och det sköra livet
medan biljettpriserna stiger som tidvattnet.

Sjöfart

De stora kryssningsfartygen ligger och väntar
på sina nyrika passagerare som gått iland
för att ta skyttelbussen upp till Gamla Stan
där tavernorna förbereder med souvlaki.

Grekerna åker åt andra hållet, ut till havs
för att slippa se alla kamerabehängda turister
som inte vet om de hamnat på Rhodos,
eller om de gått iland på Santorini eller i Aten.

Mindre passagerarbåtar kryssar lugnt förbi
och ser den orangea raden av livbåtar hänga
likt mogna frukter från mosmoullaträdet
färdiga att skördas innan bina tar dom.

Akropolis

I skuggan under Akropolis
blev alla ord väldigt små,
och de långa meningarna korta.

Slamret från byggnadskranar
som långsamt hissade ner stenar
som stått där i tusentals år
fick sopbilens oväsen att tystna
och ambulansens siren att viska
när vi hörde och såg historien
levande inför våra ögon och öron.

Så plockas livet ner och byggs upp,
sten för sten, kolonn för kolonn,
tills någon en dag får för sig
att historien inte betyder något alls
jämfört med framtidens vinster
och maktens vettlösa girighet.

Vilse

Nationalträdgården är Atens gröna lunga
där turisterna går vilse bland grönsakerna
och papegojorna skrattar åt vandrarna
som irrar runt till samma plats gång på gång
men hittar inte ut ur Amalias gamla park.

Med ögonen stint fästade i mobilen
tror man att läget är helt under kontroll
tills man möter en skolklass med sina lärare
som undervisar i matematik och historia
och leder sin hjord likt goda fåraherdar.

Parkvakterna sopar ihop ruttna pomeranser
och rensar vattenrännorna från torra löv
för att alla ska trivas i skogen mitt i byn
som ger en stunds tystnad och fågelsång
innan vi återvänder ut i stadens gula kaos.

Friblommor

Den romska flickan spanar in herrarna
som små oskyldiga offer för hennes knep,
och hon vet att de kommer att ta emot rosen
med en glad hälsning att allting är gratis.

Sedan kommer skulden som hon gömde
i det vänliga leendet när hon slog följe
en bit längs turistgatan som distraherar
och hon är en vinnare efter tio meter.

Herrarna vet att de inte blir av med henne
förrän de betalat en liten gåva utan kvitto
och medan rosen vissnar i bröstfickan
försvinner blomsterflickan i folkvimlet.

Vi som möter henne dagligen på gatan
ger henne en svart blick på långt håll
som säger att inte ens hundarna luras
och de är inte ute efter min plånbok.

Sönderfall

Ett bad i Medelhavets blågröna vatten
är som att återvända till livmoderns trygghet
där den bekymmerslösa väntan på livet
en gång tog sin början i ett eget kosmos.

Båtarna som blev kvar på land i marinan
är fulla av minnen från resor och drömmar
som står och rostar sönder och samman
i väntan på det stora sönderfallet i ny materia.

Vi väljer att bortse från det ständiga åldrandet
och kliva ner i det stora blå som omsluter allt
där ingen längre är en ensam stackars individ
utan alla är burna av det gemensamma havet.

Landmärken

Att sitta still på stranden är en svår konst,
när tankarna vandrar fortare än kroppen
och den svarta oron kryper i fötter och ben.

En promenad längs strandlinjen lättar
och den fladdriga själen finner landmärken
att fästa blicken på när synskärpan grumlas.

Somliga vandrare stannar aldrig på sin resa
längs världens oändligt befolkade stränder
med skuggan som närmaste följeslagare.

Att själva resan skulle vara målet leder vilse
för den som aldrig lärt sig att sitta stilla
och invänta sin själ under ett blekt parasoll.

Fläkten

Fläktarna på uteserveringarna
blir alltmer moderna och effektiva,
de vrider sig lugna och tysta
med en behaglig dimma av vatten.

När restaurangen monterar fyra
sätter granntavernan upp fem
bara för att visa gästerna omsorg
så att ingen svimmar i värmen.

Det är en ständig tävling om kunder
som både vill sitta i sol och skugga,
både vill ha svalka och skön värme
när man lämnat den nordiska kylan.

Åstorps Gård

juni 2022

Konstrundan i Ulvsby vid pingst
går av stapeln när sommaren börjar
och ljuset växer för varje dag
tills det blir svårt att se konstverken.

Jag förstår varför konstnärsateljéer
har stora ljusintag vända mot norr
för att slippa det direkta solljuset
som gör skuggor svarta och övrigt vitt.

Vi hänger målningar i växthusets salar
med en försmak av medelhavsvärme
och sydeuropas vidsträckta stränder
dit vi gärna förflyttar oss i drömmen.

Öland

juni 2022

Österhavet följer oss ner till Seby
där korna betar på strandängarna
och små lador minner om en tid
när jordbruken var hjärtat i radbyarna
som gjorde livet möjligt på slätten,
allvaret räckte knapp till för fåren
men korna hade bete ner mot havet.

Han som inte ville sköta jordbruket
men var bra på att tälja trägubbar
har idag fått upprättelse och museum
där hans berättelser i trä lever vidare
och når långt utanför socknens gräns
till besökare som vill höra historien
om diktaren som såg något annat
än solen och vinden och havet.

Vindar

Väderkvarnarna har stannat
på solens och vindarnas ö.
Vi färdas sakta genom radbyn
där ladugårdsväggen mot vägen
skyddar mot stormar och turister
som glömt att människor bor här,
lever sina liv vända till framtiden
medan tillfälliga besökare önskar
att allt ska förbli som det var en gång.

Det gamla och det nya kolliderar
under en varm sommarmånad
när loppisskyltarna står tätt i diket
för att vi tillfälliga besökare ska stanna
och göra fynd bland skräp och skrot,
har vi tur finner vi något vi behöver
som vi inte visste att vi saknade.

Ute till havs reser sig nya kvarnar
med propellrar höga som himlen,
de ska mala vind från andra vidder
som skyddar mot mörker och kyla.

Fyren

Långe Erik på norra Öland
lyste för sjöfarare i mörkret
när strömmarna i Kalmarsund
drev fartyg och skeppare ur kurs.

Tre anställda skötte den hungriga fyren
som drevs med stora mängder rovolja,
en skötte lågan medan den andre sov,
vinterns långa nätter tog på hälsan.

Idag sköter satelliterna jobbet åt fyren
och Långe Erik står som Ölands nordpol
i väntan på att vi flyttfåglar ska hitta hem
och ta vägen om Långe Jan vid sydpolen.

Neptuni åkrar

Vi väntade på solnedgången
vid Neptuni åkrar en junikväll
när vindarna lagt sig till ro
och vi hade hittat en bra ställplats
gömd inne bland de höga enebuskarna.

Blåelden tände sina facklor i snedljuset
på stigen över klapperstensfältet
ner till västerhavet mot Oskarshamn
där Linné såg att havsguden Neptunus
hade ett finger med i spelet om växterna.

Strandvallarna verkade vegetationslösa
men ur de till synes sterila kalkflisorna
reste sig i juni den vackraste orkidé
och vi lade oss med örat mot marken
och ögat mot himlen i helig beundran.

133

Eksjö

juli 2022

Alla hus har en baksida i skuggan
där resterna av livet samlas
för att ingen ska behöva se eländet
som är för bra för att kastas
och för dåligt för att ha inomhus.

Bakgården rymmer det verkliga livet
som har använts och varit till nytta
och som slitits ut och brukats om
tills det inte längre går att ha
till något mer än utfyllnad.

Det känns fel att kasta minnen
som är en del av det sanna livet
och det som tar emot att visa upp
är för det mesta rena rama sanningen.

Bron

Varje samhälle har ett hjärta
där människor möts för samtal
om vädret och kriget och räntan
som aldrig beter sig som man vill.

Vid bron går vägarna isär
till kyrkan där andligheten övas,
till torget där kommersen prövas,
till regementet där försvaret tränas.

Den goda treenigheten är hjärtat
där allt som är större än oss,
och det nätverk som är mellan oss,
och den kraft som bor inom oss
kan mötas för samtal om livet.

Kanalen

Vaktparaden står uppställd i raka led
på bron över den lilla kanalen i Eksjö.
I stora svarta björnskinnsmössor,
rödrutiga kiltar med knästrumpor
blåser de luft i sina klämda säckpipor
som snart ska sätta skräck i den döde.

På en given signal börjar de gå och spela
som om de nyss kommit ner från bergen
högt ovanför gatorna i skotska Edinburgh
där ingen höjer på ögonbrynet i onödan
när larmet går och säckpiporna gråter,
som om instrument och spelare värker.

Andparet som vilade i vassen under bron
flyr hals över huvud när musiken börjar,
och tror att kriget slutligen har kommit
till det fredligaste hörnet i hemtrakten,
när de hör trummorna dåna som kanoner
och säckpiporna spela falskt och surt
som bara tondöva vaktmänniskor kan.

Rottneros

augusti 2022

När ett hus brinner förändras historien,
några slår sig för pannan i sorg och saknad
medan andra drar på sig arbetsoverallen
och bygger upp framtiden från grunden.

Röken låg tät över Rottneros Bruk i Sunne
när det brann rejält hos fabrikör Paulsson
och risken var stor att flygande gnistor
skulle tända skogen och virket i omgivningen.

Elden släcktes och hoppet tändes på nytt
om en byggnad som restes ur berättelsen
där Ekeby kunde kliva ut i verkligheten
och bli till en ny mittpunkt i sagans värld.

Majorskan på Ekeby kommer gående
ner mot sjön Fryken på husets baksida
där hon väntar på mötet med Gösta Berling,
som sätter hennes sorgsna hjärta i brand.

Monet

Vi dröjde kvar vid de röda näckrosorna
i den lilla dammen som påminde om
Monets älskade trädgård i Giverny.

Under fyrtio år odlade och målade han
en liten bit Japan i franska Normandie
med hängande tårpilar över vattenspegeln.

Claude Monet hade nog gärna suttit
en stund i Rottnerosparkens svalka
och sett ut över Fryken mot skogen.

Vi behöver olika rum att vistas i
för att själen ska få tid att förundras
över storheten i det allra minsta.

Solros

Längs vägkanter blommar solrosor
för att påminna oss om Ukraina
och hoppet som vänder sig till ljuset
när himlen förmörkas av raketer.

En blågul flagga vajar med en solros
vid ett hus längs en ensam landsväg
men vi vet att den stora fröställningen
en dag ska låta rättvisan segra.

Den som planterade hundra sorter
av starka, stolta solrosor på rad
trodde att den lilla parken i Rottneros
kunde bli världens gula stöd till Ukraina.

Baksidan

Baksidan på den stora gården Ekeby
är framsidan för de som bor i huset
och som vet att läget är det viktiga
när solen går upp över sjön Fryken
en tidig morgon när dimmorna lättar
och drömmarna tunnas ut vid kaffet
som öppnar dörrarna till vanligheten.

Ringklockan från järnvägens övergång
varnar tankspridda vandrare för tåget
som snart ska passera vackra golfbanan
på sin väg mot Sunne och Torsby slutstation
för att återvända söderut mot Karlstad
där pendlarna kliver av och längtar tillbaks
till skogen och stränderna och hållplatserna.

Snart kommer det långa tåget med timmer
från skogarna i norra Värmlands vildmark.
Jag vinkar, men ingen hälsar tillbaka.

Glass

Det behövs en rosengård i varje skog
där dofterna får stegen att stanna upp
och färgerna får ryggar att böjas nära
när solen värmer efter sommarregnet.

Vi sätter oss på Carl Eldhs parterr
med den nyklippta rosengården i ryggen
och de formade tujjahäckarna i söder
där två lejoninnor vaktar sina barn.

Skulptören Mäntynen kallade dem
modersstolthet, med ungen i famnen
och två vakttorn i den gröna bakgrunden
där familjer kopplar av i trädgården.

Barn som äter glass en sommardag
gör mammor stolta i en blomsterpark
när världens oro för några timmar
kan hållas på en lejoninnas avstånd.

Kavaljerer

Flyglarna på Ekeby väntar tålmodigt
på att festen ska komma tillbaka,
kavaljererna ska ta fram fiolerna
och historierna berättas på nytt.

Nu står de tomma när vi kikar in
genom fönster där ingen ser tillbaka,
dörrar är stängda för sagans värld
och hästarna har fått ledigt för dagen.

Jag vill inte tro att sagan tagit slut
och parken bara är en vanlig park,
som släpper in och släpper ut
sagan som alltid lever inom oss.

Österlen

augusti 2022

Holmarna ute på åkrarna vilar
under den brännande augustisolen
som krymper vetekorn i ax
och släcker växtkraften i betan.

Det har regnat för lite denna sommar
och proteinhalten är för låg
för att det ska bli en rekordskörd
som bönderna hoppats på.

Inne i holmarna ruvar ett litet bo
där fåglar, harar och människor
söker skydd från nordanvinden
och iskalla regn från västerhavet.

153

154

Gården

De vita väggarna ser ut över fälten
som nyss har stubbats och halmats
till stora gyllengula golv från väg till väg.

Österlens skördemaskiner dammar
när de tröskar dygnets alla timmar
medan jorden längtar efter regn.

Vetet innehåller för lite protein
och betorna torkar under solen
medan den svarta rapsen mognar.

Den pastorala vackerheten var kuliss
när vatten och diesel blev för dyrt
och det inte gick att leva på idyllen.

Balar

På Österlens böljande kullar
är den sura hösten i antågande
när de rullande halmpaketen
bärgas till stora värmepannan.

Fjärrvärmen når inte ut till byarna
där halmen skördas och packas
för att värma villorna inne i staden
på lagom avstånd från traktorerna.

Inga balar rullar iväg av sig själva
in till den stora omvandlingens hus
dit vagnarna levererar lass på lass
tills motivationen och hoppet stannar.

Brösarps backar

Havet fortsätter slå stora vågor
långt uppe på Brösarps backar
där sanden från istiden gungar fram
i drivor sedan tusentals år i vila.

På väg söderut från Sölvesborg
lämnar vi skogen och granmörkret
för en resa till Lilla Provence,
ett stycke Sydeuropa i Norden.

Prins Eugen målade det skira ljuset
där himmel möter hav och land
och bokskogens lätta bladverk
som speglas i de fjädrande molnen.

Skillinge

De gamla gårdarna försvinner
när jorden först arrenderas ut
och sedan säljs till starka bolag
med den stora maskingparken
men få anställda under skörden.

Kvar blir en ensam, tyst dunge
som minns små men levande byar
där skolan och affären fanns kvar
och livet vandrade sakta bakåt
tills man inte hade råd att bo kvar.

Nu flyttar konstnärer in i husen
som skänker lä i vinden under träden
och skyddar från storstadens hets,
hämtar kraft ur den höga himlen
och den vida horisonten utan slut.

Kustvägen

Stora vägen till Ystad är lättkörd
när skolorna har startat inför hösten
och många har återvänt till jobbet
efter en varm sommar i stugan.

Lilla kustvägen tar längre tid,
men tid har vi gott om och kör sakta
för att hinna se hästarna som betar
på de branta kullarna vid Backåkra.

De riktigt små grusvägarna till havet
ligger gömda utan synliga vägmärken
för oss som inte bor i klungan på stranden
men frågar oss fram till lilla badviken.

Grövelsjön

september 2022

När Klarälven byter namn till Trysilälva
blir hon stridare och trilskas med fiskarna
som vadar ut på de hala stenbumlingarna
för att se om flugorna har rätta färgerna.

Under ytan rör sig vattnet i krumbukter
och båtfärder är helt omöjliga i grundvattnet
där stenar hindrar varje kölbåt i virvlarna
som trotsar hindren och söker mittfåran.

De vilda ungdomsåren far fram i storsvängar
med strömvirvlar och svarta djuphålor
som slukar den tveksamme långsamsimmaren
men bär den galne äventyraren medströms.

Krusvatten drar till sig hungriga forelljägare
som i långstövlar och seglivat tålamod
uthärdar kylan som förlamar fötter och vader
tills vattenytan krusas av fisken som nappar.

Strömfåran

På väg upp längs Trysilälva mot Femunden
tappade vi bort vattenflödet i ouppmärksamhet
när vägen svängde till Drevsjö på östsidan
och älven tog en västlig riktning bakom berget.

Nog tänkte vi att snart ser vi henne ännu en gång
när vi möts bortom fjället med alla skidbackarna
där vinterturisterna vill ha nypistade nerfarter
men vi vill att vintern väntar ännu några veckor.

Det händer att vi tappar bort livets vattenflöden
som tar vägen på andra sidan om förnuftets berg
och vi går vilse bland alla goda råd om framtiden
tills vi återser bäcken som är vårt sanna jag.

Storslaget

Bäcken som dyker upp och försvinner
viskar och pladdrar men tystnar
när vinden stryker över lingonriset
och vi skärper våra sinnen på fjället.

Det storslagna får oss att stanna i steget
när bäcken meddelar oss sin närvaro,
kastar sig nerför det högljudda Silverfallet
som strax försvinner in bland ris och stenar.

När vi vant oss vid det storslagna landskapet
närmar vi oss det jordnära och krypvackra
som många går förbi med blicken höjd
tills vi knäböjer bland lingon och blåbär.

Närgånget

En död lämmel låg på stigen i vår väg,
just där vi skulle sätta ner foten i steget
och vi blev varse skörheten nära marken
där allt verkade andas i ett eget tempo.

Vi såg vattnet som sökte sig ner till dalen
och vi såg de bottenlösa hålorna på heden
där spången bar oss över till andra sidan
för att vi inte skulle försvinna ner i djupet.

När vi betraktade fjället riktigt närgånget
såg vi att döden och livet hörde samman
i det som en gång var och det som kommer
från de världar som gömmer sig under ytan.

Fjällbäcken

Ett svagt gurglande ljud viskar försiktigt,
mellan två svarta stenar under en fjällbjörk,
knappt synligt rinner en liten sträng fram,
försvinner strax ner i mossan och tystnar.

Sedan blir fjället tyst igen och vi fortsätter
upp längs renstängslet mot Norge i väst,
följer den rösade leden med spångarna
hälsar på vandrare som går i motsatt riktning.

Ögonen har inte vant sig vid det stora fjället
som ligger långt bort men känns väldigt nära,
öronen blir alltmer lyhörda för de små ljuden
som antyder att en fjällbäck föds just här.

Lågvatten

Dammen i Höljes samlar vattenkraften
för att våra kylskåp ska hålla mjölken sval
och hjälpa våra torktumlare med tvätten
så att allt kan fortsätta som det brukar
tills natten kommer och ljuset slocknar.

Ovanför Höljes i den konstgjorda sjön
har vattnet sjunkit med tre meter
bottnarna blir synliga med svarta stubbar
från träd som för länge sedan fälldes
för att skogen skulle förvandlas till sjö.

Lågvattnet avslöjar det som varit dolt
under den vackra ytan av familjeidyll
som aldrig fick ifrågasättas av släkten
och som befästes vid de stora kalasen
när de stolta historierna berättades.

Bron

Karlstad, oktober 2022

Vår lilla insjö lever ett avskärmat liv,
vassen växer, vissnar, ruttnar och sjunker
till en jäsande slampudding på bottnen.
En gång var den en slinga av Älven,
snördes av och stängdes in i sig själv.

Enda utloppet från Kroppkärrssjön
går under järnvägen vid Hedens bryggor
genom vassruggar och smala diken
för att efter en kort och motvillig resa
nå fram till Klarälvens breda fåra.

Vår lilla tjärn har nästan inget tillflöde
och avrinningen står stilla för jämnan,
det rör sig lite grann när tåget passerar
och om vi hoppar på spången under bron
kan vi låtsas att vattnet får liv igen.

Bokfestival

Karlstad november 2022

Jag fick ett pris av Region Värmland
för att jag skrivit om våra hundar
och om vår katt som var så klok.

Det är inte enkelt att hålla tacktal
och till på köpet se överraskad ut
fast man hållt det hemligt länge.

Våra hundar ville jag tacka mest,
som lärt mig så mycket om livet,
hjälpt mig se självförtroendets roll.

Men katten ska nog få blommorna
för att hennes självkänsla var så stor
att hon inte behövde tävla med någon.

Böcker

Orden väger tungt som bly
när vi bär in våra böcker
till borden där vi dukar upp
våra dignande bokstavsmåltider.

En liten kärra kan behövas
när vi irrar omkring i mässhallen
och hälsar på gamla och nya vänner
som är fulla av välskrivna berättelser.

Vi hoppas att besökarna ska hitta
våra svarta ordflöden på vitt papper
där våra tankar vill befria läsarna
innan de fastnar i karamellskålen.

Skolkamrater

Årjäng, februari 2023

När jag var liten satt gubbarna vid torget,
på bänken utanför Svanqvists bokhandel
och tittade på trafiken och människorna
som kommit in från skogarna runtomkring.

Nu satt de fortfarande på sin gröna bänk
i bibliotekets foajé där torget brukade ligga
och hälsade vänligt när jag bar in tavlorna,
jag trodde de var jämnåriga med min pappa.

-Vi gick i skolan samtidigt, du och jag,
sa en av de tystlåtna gamla gubbarna
och jag gick nästan in i väggen av förvåning
över att även jag hörde till antikviteterna.

183

Igenkänning

Konstutställning på min gamla hemort
är ett äventyr i minnenas museum
där ansikten inte längre går att känna igen
och det gamla landskapet har byggts om.

Vi stod där mitt emot varandra en lång stund
och något i rösten sa att vi gått i samma klass
när vi var barn och alla kände varandra
och vi bjöd varann på födelsedagskalas.

Nu är håret grått och ryggen stel och krokig
men när vi börjar prata så är vi unga på nytt
och vi säger våra namn lite halvhögt viskande
för att undvika att kallas för någon som dött.

-Du målar inte som far din, säger min vän,
och jag tolkar det som en bra utveckling,
han tillägger att han har en av pappas tavlor
och där ser man tydligt vad den föreställer.

Gästvänlighet

Rhodos maj 2023

Ingen ser om vi tar av oss sandalerna
som vi gått i hela dagen genom staden.
Vi hoppas att doften från det starka kaffet
ska dölja våra svettiga skor under bordet.

Kyparen ler vänligt mot oss turister
som villigt slog oss ner i en mjuk fåtölj
och beställde något som vi inte ville ha
bara för att få vila våra trötta ben.

Runt omkring oss flyttar gästerna
till lediga bord på behörigt avstånd
från närgångna taxibilar i full fart
och våra dåligt gömda sandaler.

Utflykt

Turistbussarna till Lindos
har bråttom att sprida ut
alla passagerare till gränderna
där tyskar går vilse på egen hand
medan japaner håller samman i flock.

Det luktar läder och dynga
när utslitna åsnor tävlar
om att bära rika passagerare
uppför de branta backarna
till det stolta Akropolis.

Templet högst upp på klippan
som stått i tretusen år
måste besökas och fotograferas
för att visa vännerna därhemma
att man är intresserad av kultur.

Fisketur

Längs kajen i Mandrakihamnen
står uthyrarna av båtar på rad
framför den utlagda landgången
och säljer upplevelser per timma
till alla som passerar förbi kiosken.

Om det finns någon fisk i havet
kan inte båtuthyraren garantera
men det är väl värt pengarna
att skryta för landkrabborna hemma
att man fiskat i Medelhavet.

Musik och kalla drycker ingår i priset
som också kan omfatta flytväst
till den som inte kan simma.
De visas upp vid polisinspektion
men har aldrig använts till havs.

Hyrbåt

-Vi seglar till Symi om en timme,
säger biljettförsäljaren på tre språk
och försöker se intresserad ut,
som om alla vet var ön Symi ligger.

Den vackra ön med de färgglada husen
som klättar uppför bergssidorna
och de små räkorna som flamberas
för att avnjutas med en kall ouzo.

Vad han inte säger är att ön är stor
och man måste hyra taxibåt
för att komma till närmaste badvik
dit alla andra besökare också reser.

Den långa trappan upp till Choran
tar musten ur knäsvaga vandrare
som gärna kostar på sig en bil
för att återvända i tid till hemresan.

Leverans

Matleveranserna till Sklavenitis affär
kommer när man minst väntar sig
och det som inte finns på hyllan idag
kommer troligen i morgon eller inte alls.

Den lilla butiken i Gennadi på Rhodos
har en mycket välsorterad charkdisk
med personlig service av högsta klass
där lammkotletterna har en egen historia.

Ett besök i affären ger mat på bordet
och på köpet får man en pratstund
med den trevliga personalen bakom disken
som redan vet var vi bor och vilka vi är.

Brödet handlar vi i butiken bredvid,
och frukten i affären tvärs över torget.
Inköpslistan är lika lång som bygatan,
alla på caféet följer vår föreställning.

Inkastaren

I Grekland finns det inga utkastare
som rensar krogarna från stökiga gäster
eftersom maten är god och servicen bra
tills alla är så mätta och på så gott humör
att man vill komma tillbaka nästa dag
och alla blivit släkt och familj med alla.

I Grekland finns det många inkastare
som rensar trottoaren från blyga gäster
eftersom man inte vill vara oartig.
Blir man erbjuden en kopp iskaffe
så hör det till god ton att tacka ja,
och stolen är ju redan utdragen.

De allra skickligaste inkastarna
kan få en mätt turist att bli hungrig,
en nöjd besökare att bli törstig,
en promenerare att slå sig ner och vila.
Man vågar helt enkelt inte säga emot
för inkastaren slutar ju aldrig prata.

Sololja

Den långa stranden i Gennadi
skulle ha plats för tio stora hotell
och rymma tusen solsängar och parasoller
om det inte vore så långt till flygplatsen.

Vattnet längs stranden är rent och klart
och inte alls så förorenat som i staden
där havsytan skimrar av fet sololja
och sanden gömmer fimpar och kapsyler.

Ännu finns det gott om utrymme
på de långa grekiska stränderna
där vågorna spelar lugna melodier
på slipade rundstenar i vattenbrynet.

Laga parasoll

Konsten att laga en parasoll
handlar om hur länge du orkar hålla
armarna och verktygen över huvudet
när du ligger i skuggan på marken.

De hårda slagregnen rev sönder tyg
och träställningen tog skada
när allt välte omkull i stormen
som drog med sig bord och stolar.

Allt finns ju kvar och allt går att laga
när stormen bedarrat och vädret är bra.
Det finns ingen början och inget slut
på varken elände eller glada dagar.

Husbygge

Det är inte så svårt att börja bygga ett hus
men det är en utmaning att få det färdigt.
Väggarna vecklar ut sig som en fjäril
när solljuset skimrar i den vita putsfärgen.

Fönstren gapar tomma utan glas och bågar
och dörren en träskiva utan karm och lås.
Poolen framför altanen är ett hål i marken
och gräsmattan ännu bara sand och lera.

Kanske ville byggherren inte avsluta
eller så tog de lånade pengarna slut
och den givmilda banken fick kalla fötter.
Fjärilen slog ihop sina sköra vingar.

Bakgården

Alla hus har en baksida
där halvfärdiga projekt
väntar på att slutföras.

Alla hus har en framsida
där ytterdörren är nymålad
och häcken är nyklippt.

Många hus har en bakgård
som blivit en levande framsida
som inte är till för besökare.

Alla hus behöver en fristad
utan insyn och kommentarer
från avundsjuka grannar.

Betongbilen

Hur mycket betong går det åt
under ett långt husbyggarliv?
Armeringsjärn ska gömmas,
gamla sorger ska glömmas
under lager av våt betong.

Hoppfull är brandbilen som tutar,
sopbilen andas ut när den stannar till,
skolbussen och brödbilen är väntade,
metaforerna var gårdagens transporter
men betongbilen bär framtiden i lasten.

Ingen vet var betongen blandas
och ingen har sett bilen fyllas.
Likt den Flygande Holländaren
rullar den fram över bergen,
försvinner med tom tank in i ett hus.

Skuggan

Man betalar bra för skuggan
och säng som stinker av sololja
där stekta turister sovit middag
till ljudet av vinden och vågorna.

Det kostar pengar att gå till havet
där det förra sommaren var gratis
och allemansrätten fungerade
som den gjort i hundratals år.

Turisterna vet inte att havet är allas
och stränderna måste vara öppna
för den som kommer med handduk
bara för att simma en stund
och göra den dagliga gymnastiken.

Vi tror att badet måste kosta
och vågar inte protestera och pruta
även om solsängarna är olagliga
och kommunen vill förbjuda,
vi betalar för att slippa förstå.

Strandaffären

Där kommer den vandrande butiken
som säljer sockerbullar och kall öl
till hungriga badgäster i solen.

De lättklädda damerna ropar glatt
och ber försäljaren slå sig ner
och visa vad han har i matlådan.

De växlar några ord på engelska
med grekisk brytning och gester
som ger generös rabatt på allt.

Solbadarna har fått en kär vän
som blinkar med sina mörka ögon
och lovar att träffas senare ikväll.

När han går vidare med sin låda
har han charmat två blyga damer
och sålt fika för trehundra kronor

Massage

Det rika sällskapet bokade massör
för en hel dag på stranden.
Spelade ingen roll vad det kostade
och pengarna skulle ju ändå slösas
på allt som fick tiden att gå.

I skuggan under ett parasoll
gled massören omkring på kroppen
till tonerna av norsk schlagermusik
från en stor skrikig högtalare
som gjorde allt för att tiden skulle gå.

Matbudet kom med kartonger
fyllda med vitlöksdoftande pizzor
som ingen orkade äta i solen
eller skölja ner med billigt vin
bara för att få tiden att gå.

Flygbussen

Kön av blivande passagerare är lång
vid busstationen i Mandrakihamnen,
herrn i biljettkiosken törstig och uttråkad
när jag köper två biljetter till Aerodromen.

Många vill komma fram i tid till flygets avgång,
några vill hem efter städjobb på hotellet
och arbetskläderna som fortfarande är på
skvallrar om att de hamnat på fel buss.

När bussen är överfull surnar chauffören till
och skäller ut städerskan och ber henne gå av
till hennes stora förnärmelse och gormande,
men hon vägrar lämna bussen halvvägs hemma.

Vi konflikträdda skandinaver blir oroliga
och väntar på att någon ska bli våldsam
och hela bussen måste utrymmas och bärgas.
Städerskan är glad efter ett uppiggande gräl.

Flygplatsen

Rhodos airport

På den lilla flygplatsen
trängs jäktade människor
från när och fjärran.

Kläderna skvallrar om länder
och kulturer olik vår egen.
Vi döljer vårt civila jag
bakom en gräll förklädnad
från exotiska fjärran stränder.

Även flygplanen är klädda
i granna semesterfärger
för att vi ska känna oss hemma
långt borta från snö och kyla.

Chartrade plan trängs vid gaten,
lokalflygen står i banans utkant
och väntar tålmodigt på sin tur
när fönstret för avresan öppnas.

Nya vindar

Gerlesborg, juli 2023

De mörka molnen över Gerlesborg
skruvar sig över de branta bergen,
landar i havet vid den långa stenpiren
där stora magasin blundar inför natten.

De väldiga lagerhusen står tomma
med förspikade skivor för fönstren
i väntan på den stora stormen
som förändrar eviga landskap.

Nya vindar blåser i Gerlesborg
när kulturens nytta ifrågasätts
och konstens kostnader växer,
medan lönsamheten driver ut till havs.

Jag går in i den stora ateljén
där det alltid varit högt i tak och
den konstnärliga friheten obegränsad,
anar att det kan vara sista gången.

Målarkurs

De stora vita målardukarna
är alltid skrämmande tomma
som en nyslagen ensam åker
där torra halmstrån vissnar ner.

Jag vill plöja och harva på ytan
för att det ska kunna växa nytt
när jorden öppnas för ny sådd
där vatten och ljus kan tränga ner.

Så bearbetade jag mina dukar
med ny färg och gamla verktyg
tills jag var fullständigt vilsen
och inte såg någon mening alls.

Då började målningen växa fram
underifrån, utan min kontroll,
som naturens eget underverk,
jag beundrade färgens livskraft.

Bottnafjorden

Utsikten från ateljéfönstret
har inte ändrat sig på femtio år.
Landsvägen som slingrar sig fram
mellan branta berg och smala havsvikar
plågas ständigt av stressade bilister
som saknar omkörningssträckor.

När Vägverket sprängde bort berg
för att räta ut kurvan vid Gerlesborg
öppnades ett stort sår i naturen
som sedan dess aldrig har läkt ihop.
Det krävs en allvarlig trafikolycka
för att skapa en snabbare väg.

Det är lätt att spränga bort minnen
från tider som varit fulla av liv,
när fisket och jordbruket hölls igång
av människor som ville bo kvar
nära havet som är vårt ursprung
och jorden som är vårt mål.

Älven

Norum, juli 2023

På våren var bäcken en brusande flod
som levde när allting stod stilla.
Den slingrade fram genom mörkaste skog,
och kappsjöng med fåglarnas drillar.

Vid bäcken var stenarna stora som berg
och trädstammar nådde till himlen.
På botten fick vattnet sin svartaste färg
och ytan ett blåtonat skimmer.

Där kunde jag sitta och segla mig bort
med båtar av bark och en pinne.
Från källan till havet är avståndet kort
när tiden i bäckfåran rinner.

Nu följer jag älven som letar sig fram
bland mossan och träden i skogen.
Till synes onyttig och helt overksam
är den med min längtan förtrogen.

Regn

Ekor

Inne bland klibbalens skuggor och vrår
lämnades ekor att glömmas.
Skrov utan ägare, åror som står
nerstuckna som för att gömmas.

En dag fick båten nog av sin sömn,
ville tillbaka till världen.
Vaknade sakta som ur en dröm,
lossade repen om träden.

Bakom sig lämnades skogen att dö,
plastekan trivdes i strömmen.
Återuppstånden i frihetens sjö
lämnade farkosten drömmen.

Allt går tillbaka och allt börjar om,
livstycket blir ganska revigt.
Vi återvänder precis som vi kom,
ingenting varar för evigt.

Älven

Älven som sällan var jämn och rak
ledde oss stadigt fram.
Färden gick stilla i sakta mak
över sandbank och bottenslam.

Livet förvandlas i tidens flod,
droppen ger mänskan ro.
Tiden som rinner ger hopp och mod,
världen får kraft att tro.

Broar kan öppnas om viljan finns,
byar får liv igen.
Människor glömmer men Älven minns
hur allt var för länge sen.

Flygplatsen

Arlanda, september 2023

När vi frågade om vi skulle öppna ryggsäcken,
svarade vakten att scannern ser allt inuti
och vi behöver inte oroa oss för vätskor
som förut måste kastas i soptunnan.

Den moderna kameraövervakningen ser allt,
och kan skilja mellan hudvård och bomber,
ser skillnad mellan mediciner och narkotika
och reagerar omedelbart på mat och gifter.

Min lilla ryggsäck har packats omsorgsfullt,
som om tullpolisen granskade mina vanor
och kände på sig att just min packning var fel
när jag var övertygad om att jag gjort allt rätt.

På flygplatsen kan man aldrig vara helt säker
på att min packning är det som jag trodde,
någon annan kan ha lagt ner något okänt
som jag lugnt bär genom säkerhetskontrollen.

Ingenting kan döljas av övervakarnas ögon,
mitt ansikte är registrerat av kamerorna,
när jag går genom den obemannade kontrollen
hör jag en syntetisk röst: -God morgon, Gunnar!

Enkelriktat

Agios Nikolaos, Mani, september 2023

Tvillingarna i Agios Nikolaos är ständigt i rörelse,
går bygatan fram mellan varubilar som levererar
kött och grönsaker till de lokala tavernorna
som sålde slut på allt under gårdagskvällen.

Fram till en vecka in i september är det fullt
på alla bord och stolar i den lilla fiskebyn
där inget särskilt händer under hela dagen
mer än att någon kör mot enkelriktat.

När postbilen kommer med paket till byn
och någon ska se till att mottagaren blir glad,
kommer en av tvillingarna gående genom byn,
vinkar till alla och vet vem mottagaren är.

Det finns alltid en uppgift för tvillingarna
som undviker att bli påkörda av skolbussen.
Tryggheten är att varje dag är den andra lik,
och vinkar man så är ingen längre främling.

Anseende

När havet ligger blankt som nyis
går de allra minsta båtarna ut
för att pröva tålamod och väntetid
om fisken går till när vattnet är lugnt.

Vi badar i tjugosjugradigt vatten
och flyter som korkar i ett badkar
utan en tanke på att gå upp på land,
fingertopparna skrynklar till russin.

Den minsta fiskebåten kommer in
för att visa sin fångst för köparna
som väntar vid marmorskivan
där allt med fenor vägs och mäts.

Den lilla båten har stort anseende,
inte för att den brukar landa störst fångst
men för att skepparen har gott anseende
och alltid gör sin tjänst för tavernorna.

239

Väntetid

De små fiskebåtarna lägger ut i gryningen,
strax innan solen gått upp över bergen,
när det är tid att vittja näten på fiskeplatsen
och havet är lugnt för gamla veteraner.

När klockan slår nio kommer båtarna hem,
gamla fiskare står förväntansfulla i hamn,
ser om de yngre lärlingarna har skött sig
och lagt familjens nät på de rätta ställen.

På långt håll hörs hur motorvarvet ökar
som för att signalera god fångst ombord
och de tavernor som har fisk på menyn
drar sig mot hamnen för att handla.

Katterna vet att det alltid blir rester över
när näten är tömda och köparna nöjda,
det finns alltid kunder till de minsta fiskarna
och havet överraskar de mest erfarna.

Terapi

Fiskebåtarna som styr ut från hamn
ser sig varsamt omkring efter simmare
som gör sin dagliga gymnastik i havet
under den brännande solen i zenit.

Skuggorna är korta och dagen är lång
och när den gamla damen frågar om tiden
så svarar vi "klockan är ett" och hon ler
för snart är hennes träningspass över.

Gymnastik i vattnet är övning i lätthet
när muskler och leder slappnar av
kroppar och själar blir unga och viga,
anden återvänder till modlösa sökare.

Terapi kommer från grekiskans vård,
kallas också behandling eller tjänst,
vi lär oss att havet, Thalassa, som bär oss,
är den riktigt långvariga tjänsten.

Soluppgång

Innan byn vaknat och dimman svalkar
stävar byns minsta fiskebåtar ut
till grynnor och hålor nere i det gröna
som bara den erfarne fiskaren ser.

Innan solen gått upp och byn sover
har de små båtarna redan varit ute
vittjat nät och tinor, på väg hem
till frukost och gett katten skräpfisk.

Innan den lilla båten kommit in till kaj
väntar de pensionerade fiskarna
på att få kommentera dagens fångst
från cafébordet vid invägningen.

Innan den vindstilla morgonen vaknat
tänder fiskaren sin femte cigarett,
slänger snäckor och skräp överbord,
njuter en kopp kaffe med mycket socker.

Platsa

Vi fick en ny vän idag när vi badade
från klipporna där det stått en stege
som har rostat sönder och försvunnit
ut till havs till dom andra vraken.

Mannen med det vita håret och skägget
klädde av sig i sina randiga badbyxor
och satt på handduken med vattenflaskan
och sitt stora oemotståndliga leende.

-Var kommer ni ifrån, frågade han oss,
och vi svarade, från Sverige, där det är kallt.
Jag vet, svarade han, jag har bott i Stockholm,
men nu bor jag i Aten och jag kommer från Platsa.

Han berättade om sin lilla by ovanför Agios Nikolaos
där ett orakel kunde tyda en dröm om barnlöshet
dit sedan kvinnor som ville bli gravida vandrade,
tände ljus och hoppades bli med barn.

Han hade återvänt till sin lilla by, Platsa i Mani,
för att ta hand om och skörda sina olivträd
men det blir ingen bra skörd i år, sa han,
och log mot oss som om det blir bättre nästa år.

247

Småfisk

I havet blir vi glada barn på nytt,
med krafter som vi hade glömt bort,
och den tunga kroppen väger ingenting
när Medelhavet tar emot och bär oss.

Byns ungdomar som dyker från klippan,
väcker minnen från Västra Silens vatten
när vi dök i det svarta värmländska djupet
och världen var stor och skulle erövras.

Nu känner jag igen mig i den gamla kvinnan
som kommer nerför trappan stödd på käppen
med en son som håller stadigt tag i mamma
och ser till att hon inte halkar och slår sig.

Vi simmar med små blå elektriska fiskar
som hoppar kring våra bleka kroppar
och påminner oss om vårt ursprung;
det stora havet som vi en gång föddes ur.

Landa fisk

Vi känner igen många av fiskarna
som bärs iland från morgonens landning.
De röda Barbounia väntar på köpare
liksom den lilla smala svärdfisken.

De flesta ser farliga ut på marmorbänken
med taggar som spretar åt alla håll
många vassa fenor som förstör näten
för att man ska hålla sig borta från havet.

Mångsysslaren med korgen full av fisk
tjänar nästan ihop till bränsle för motorn
och blir det något över, går det till näten
som ständigt behöver lagas och lappas.

Medelhavet är utfiskat av stora trålare
som dammsuger bottnarna på allt levande,
lämnar byns fiskare kvar med sitt hantverk
som gått i arv och byggt kulturen vid kusten.

Hönsjakt

Det plötsliga sommarskyfallet
skrämde vettet ur alla hönsen
som flydde hem till skyddsrummet.

En parasoll hade slitits loss från foten
och fastnade i hönshusets ingång
så att ingen höna kom ut eller in.

Jakten på panikslagna höns
tog slut innan regnet upphörde
och alla fjäderfän var räknade.

Paniken kan drabba oss alla
när vädrets makter förvånar oss
med hela sin oförutsägbarhet.

Vi hoppas att Någon räknar in oss
och kollar att våra fjädrar finns kvar
när kvällen kommer och dörren stängs.

Båtupptag

En rostig gammal traktor
kör ner till iläggningsrampen
där sommaren börjar och slutar
för fiskebåtarna i Agios Nikiolaos.

När båtkärran är noga påkopplad
styr den stora RIB-båten med god fart
rakt in mot land med sikter på traktorn
och de små hjulen på båtvagnen.

Strax upptäcker de att det fattas en man
som kan fästa båten på trailern
medan utombordaren trycker in båten
och traktorn sakta drar upp ekipaget.

Det finns alltid någon som är villig
att stå till tjänst med sina erfarenheter
när livet slår knut på sig självt
och allt som kan gå snett går snett.

Båtvagnen

Bredvid tavernan To Limano
lastas en av de minsta fiskebåtarna
på en sliten gammal trailer
med fyra punkterade bilhjul.

Gästerna på Limano skriker vilt
när båtlastaren halkar under skrovet
och med blöta shorts undviker benbrott
med några milliterer till godo.

Naturligtvis rör han inte en min.
Tvinga upp bråkiga båtar på land
har han gjort hundratals gånger
i storm och hotande konkurser.

Båtvagnen skriker som en gammal val
när gummihjulen bromsar mot skrovet
och matgästerna skålar med varandra
när fiskebåten försvinner in bland husen.

Sockerbagaren

Sockerbagaren i Agios Nikolaos
räckte över en gräddvåffla i papper
till byns original, ständigt hungrig,
som tog ett stort bett i kondisbiten
innan han fick luft att säga tack.

Bagaren visade mig runt i butiken
och berättade hur han gör en rulle
med mörk choklad och smörkräm
som han skär i skivor som falukorv
och lägger i små plastpaket i kylen.

Söta bakelser håller ångesten borta,
väcker minnen från den goda tiden
när nattsömnen var lugn och trygg,
pengarna räckte till en semesterresa
och släkten ansåg att man lyckats.

Bussmöte

Jag sitter med min kaffekopp på trottoaren
och väntar på att kyparen ska komma
med en grillad smörgås med ost och skinka.

Regnet från Libyska havet trycker in mig
mot husväggen där markisen skyddar kaffet
från anfall av sopbilen och bussen från Kalamata.

Då kommer den självutnämnde trafikpolisen
som skriker att gatan är för smal för bussar
och tillhör fotgängare och laglydiga cyklister.

Den som har druckit en kopp grekiskt kaffe
vet att styrkan sitter i sumpen nere i botten
och det går alltid att bromsa i sista sekunden.

Chauffören av gröna bussen från Kalamata
känner varje millimeter av Kardamilis balkonger
och vet att starkhornet är hans bäste vän.

Trottoaren

Vi dricker en helliniko under markisen
medan turistbussarnas sirener brölar
och beordrar felparkerade varubilar
att dra dit Hades portar öppnar sig.

Servitrisen känner på sig när det är dax
att hålla brickan med båda händerna
för att inte kopparna ska sugas med
ut till havs och upp till byarna i bergen.

När vi trodde att en jordbävning rörde om
i våra bräddade koppar med svart kaffe,
dundrade åtta tyska motorcyklister förbi
i sällskap av sopbilen och en bärgare.

Damen som serverar oss vårt kaffe
har nerver av stål och hjärta av guld
och låter sig inte störas av trafiken
som inte känner några begränsningar.

Hemkört

En cementblandare och en stenhög
vittnar om att ett hus återuppstår
från minnenas och glömskans dagar
när många tvingades bort från byarna
för krigets och fattigdomens skull.

Nya tider flyttar in långt från städerna
till de minsta byarna vid havet
där tre tavernor, två affärer och en post
har öppet hela vintern och skolbussen kör
barn och vuxna till utbildning och arbete.

Det går bra att få cement och sand hemkört
liksom taktegel och byggvirke till takstolar,
albaner och rumäner sköter hantverket
utan avbrott för firande av helgonen
så att huset får nytt liv i rimlig tid.

Messinia

Alla grekiska skolbarn får lära sig
att den antika historien aldrig är långt borta
och det som hände för ett par tusen år sedan
händer idag och är en del av världsutvecklingen..

Utgrävningarna i det antika Messinia
öppnar historieböckerna för ny kunskap
om hur Grekland påverkades av Italien
och varför trakten kring Kalamata
var så viktig för vägen vidare norrut
mot Sparta, Mykene och Korint.

Med grävskopor och små tandborstar
friläggs lager efter lager av den gamla kultplatsen,
vi ser och anar en liten glimt av historien
som arkeologerna försiktigt gräver fram
i den röda jordens obarmhärtiga värme.

267

Kungsfiskaren

Den klarblå kungsfiskaren flög förbi
och tiden stannade upp för en sekund
medan SUP-paddlaren höll balansen
och fiskebåten styrde sakta hemåt
när vi som flöt i vågorna förundrades.

Det är inte alltid vi hinner se miraklet
när havets och himmelens sändebud
skickar en halkyonisk sommarhälsning
för att vi ska orka möta höst och vinter
med varma sommardagar i gott minne.

Vi såg regnet komma från Messinien
och vi hörde åskan mullra över bergen
men ut över havet sken solen som vanligt
och vi badade i väntan på ovädret
som gjorde sommaren än mer dramatisk.

Agn

På piren står nattfiskaren
med sina tvåhundra krok,
alla agnas med en liten fiskbit
och hängs på kanten av hinken.

Kompisen kommer med mer bete
silvrig skräpfisk i en plastpåse,
det finns fler hinkar med krok och lina,
natten är lång och det är fullmåne.

Innan natten har blivit morgon
har han agnat tre byttor med krok,
ordnat sina linor utan knutar
och spottat tre gånger i havet.

Vidskepelsen har han ärvt från sin far
som inte heller kunde sova lugnt
när månen är full och katten galen
och fisken hugger på allt som blänker.

Jolle

Två gånger kör gummijollen in
till kajen i Agios Nikolaos hamn
för att byta ut besättningen ombord
på havsseglaren som legat för ankar
två nätter i avvaktan på möjligt oväder.

En passagerare med en stor resväska
följt av en till med lika stor packning
mönstrar av, går iland, nöjda på vind,
reser hem till kontoret och lägenheten
och den hemtama sängen i eget sovrum.

Vi låter ibland en liten jolle föra oss
ut till det äventyrliga till havs,
hem till det invanda trygga livet
som är förutsägbart och kontrollerat
där vi drömmer om att åter lätta ankar.

Kalderim

Söndagspromenaden upp i Manibergen
förbereddes med fyllda vattenflaskor,
medan våra engelska medvandrare
pratade framför och bakom oss hela tiden
om hundar och hästar och livet i allmänhet
som bara engelsmän kan göra när de går.

I tystnad ville jag gå på den smala kalderimen,
den engelska gruppen trippade småpratande
som om man gick till postlådan på morgonen
för att hämta tidningen och hälsa på grannen,
och höra om everything is well och allt är bra
vilket det alltid är när vädret är gynnsamt.

När vi kom upp till den lilla kyrkan på toppen
var engelsmännen redan på väg ner
för att hinna till måltiden på tavernan
där deras landsmän hade bokat in sig
eftersom det var söndag och stor lunch
med välkomstparty för nyanlända britter.

Hemgång

Den sista hållplatsen före hemgång
var utanför ett litet kapell uppe i bergen
där jag vilade mina trötta ben,
åt en bit ostpaj som en sista måltid
ifall jag skulle bli lämnad kvar ensam
eller gå vilse bland alla åsnestigar
som inte finns på någon modern karta.

De som en gång byggde kapellet
visste att människan behöver hållplatser
där kropp och själ får hitta varandra
och finna en rytm som bär livet vidare
där anden inspirerar till nyskapande
som vågar se att vägen ut i det okända
också är vägen som leder hemåt.

Så blev den sista hållplatsen i bergen
början på nästa vandring på nya stigar,
ledda av människor vi inte känner.

Efterord

Gunnar Lidén är född 1950 och har växt upp i Årjäng i västra Värmland. Han studerade konst och teologi i Stockholm på tidigt 70-tal. Flyttade till Uppsala och utbildade sig till präst. Har tjänstgjort inom Svenska kyrkan i Värmland och avslutade som kyrkoherde i Aten, Grekland fram till pensioneringen.

Måleriet och skrivandet har alltid varit ett komplement till möten med människor i kyrkans tjänst. Gunnar har deltagit i flera konstutställningar genom åren. Kommunikation har många språk, där konsten och författandet kan öppna nya vägar mellan människor. Flera av Gunnars dikter har blivit tonsatta.

Driver egna företaget Kulturstugan tillsammans med hustrun Kicki Lidén som är musiker och körledare.